AF348875

Francí Xavier Muñoz

MI CASA Y MI REFUGIO

POEMAS ESCOGIDOS

MI CASA
Y MI REFUGIO

Francí Xavier Muñoz

bubok
EDITORIAL

A mi madre,
Dolores Muñoz Mena.
Y a quien conmigo va.

ÍNDICE

Prefacio 11

Prólogo 13

Introducción 15

1. A este pueblo 21

2. Sigo ocultando al mundo 23

3. Ya no eres el mismo 25

4. Manifiesto 27

5. Mi lucha es memoria desgarrada 29

6. Que me nieguen en su canto 31

7. Fui un espejo de mí mismo 33

8. Siempre conmigo 35

9. El rayo de luna 37

10. Hasta cuándo 39

11. El mar de mi vida 41

12. Aléjame 43

13. Madre de madres 45

14. Las olas del mar 47

15. Tu vida tan larga 49

16. Estaremos los dos 51

17. Sonido tuyo 53

18. Refugio en ti 55

19. Tengo que aprender 57

20. Espectadora de todo 59

21. Mi casa y mi refugio 61

Epílogo 63

PREFACIO

Conocí a mi gran amiga Loli hace muchos años y, en aquel mismo momento, me pareció una mujer luminosa, de sonrisa franca. Acerté. Es imposible abordar aquí todas sus cualidades, pero quiero destacar dos de las que más admiro: su distinguido trato, que le acompaña siempre, junto con su libertad de espíritu, enriqueciendo más su personalidad, sin afectar en absoluto a su sencillez.

No me extraña, pues, que su hijo Xavier tenga que escribir porque necesita expresar su agradecimiento, admiración y amor de la manera más hermosa, mística, realmente espiritual, a su madre. A Xavier, poeta y escritor que da luz con sus palabras, movido por la pasión de decir la verdad, quiero decirle que tienen su efecto.

ESTRELLA ITZA

PRÓLOGO

Hace algo más de treinta años conocí a una madre y a un hijo con una relación filial especial, llena de afecto, admiración mutua y respeto. Hablo de Loli y Francí, con quienes hemos compartido una amistad durante muchos años.

Desde que la conocí sentí admiración por Loli, madre entregada, luchadora, trabajadora, firme en sus convicciones, solidaria, inteligente, consagrada a su familia. También sentí parecida admiración por su hijo Francí, un adolescente muy especial, con una inteligencia brillante que destacaba de los jóvenes de su tiempo, poseedor de una mente lúcida y madura para su edad. Me llamaba la atención el hecho de que cada día, antes de entrar al aula del Bachillerato, el Instituto Fortuny de Madrid, que compartía con mi hija Claudia, ya había leído un par de los periódicos españoles de mayor tirada, que le hacían realizar comentarios sobre la actualidad política, como un adulto avezado en el tema. Durante el Bachillerato, que fue el tiempo que más hemos compartido cercanía, se destacaba por sus excelentes calificaciones, sobresalía del resto de sus compañeros por el cultivo del intelecto que le proporcionaba madurez intelectual y una cultura destacada para su edad.

Mientras, Loli lo acompañaba y compartía con él todas sus experiencias; siempre estaba a su lado apoyando, aconsejando, participando de las experiencias escolares, extraescolares y, por sobre todo, compartiendo las opiniones de actualidad. Eran compañeros, amigos y familia.

Al pasar los años, las circunstancias de la vida nos llevaron por distintos caminos y nos "perdimos de vista", aunque siempre teníamos conocimientos de nuestras respectivas experiencias vitales. No hace mucho, nuestras vidas volvieron a coincidir y, con sorpresa, comprobé que la relación entre madre e hijo -Loli y Francí- seguía tan firme como entonces, tan afectiva y respetuosa.

Loli seguía apoyando a su hijo, aceptando sus circunstancias, y Francí, ya adulto, cuidando y velando por su madre, apoyándola en su madurez, como si fuera la otra cara de la misma moneda. Ahora le toca protegerla y cuidarla. No obstante, con el paso de los años, Loli ha seguido en su mismo talante: madre, compañera, amiga.

Celebro hoy este homenaje que Francí ofrece a su madre, a través de este nuevo libro de poesías: un canto y una alabanza que brota de su corazón, con la fluidez, armonía y belleza que solo las da el AMOR.

¡Felicidades Loli, felicidades Francí!

PERLA GUGGIANA

INTRODUCCIÓN

Mi casa y mi refugio. Poemas escogidos es una selección de poemas que escribí inspirado por largas conversaciones con mi madre que, a veces, derivaban en discusiones, aunque también he incluido los que dediqué explícitamente a ella y a mi abuela, por ser esa segunda madre que para mí siempre fue. Todos estos poemas fueron escritos entre 1989 y 2017. Son, por tanto, poemas que abarcan casi treinta años de convivencia ininterrumpida y que reflejan los vaivenes existenciales que me han acompañado siempre y que mi madre ha compartido, a veces en silencio y a veces sin morderse la lengua. Con estos poemas le rindo homenaje y le agradezco todo lo que sigue haciendo por mí.

A mi madre le debo absolutamente todo. Sin ella no hubiera sido lo que soy: poeta, vitalista, feliz y solidario. Soy el fruto elaborado de toda una vida sacrificada y paciente por hacer de mí el mejor de los hijos. Al final, mi madre lo ha logrado, a pesar de mis desmanes y aunque ella piense que no ha acertado lo suficiente. Ahora ha llegado el momento de decirle que esté tranquila, porque lo ha conseguido. Me ha enseñado a amar la vida y a amar a los demás, exactamente lo que Dios nos pide.

Mi madre siempre va conmigo, adonde quiera que vaya y con quien quiera que esté. Vive en mí constantemente y pervivirá en mí eternamente. Por eso le dedico este libro, porque ella siempre ha sido fuente de inspiración, no sólo en los poemas que le he escrito o que ella me ha inspirado sino también, y más importante, en mi día a día, en mi actitud, en mi pensamiento y en mi afecto. Cierto es que hubo años de rebeldía e incomprensión pero yo nunca dejé mi casa, nunca concebí una vida fuera de ella, pues allí estaba mi madre con su mirada y su sonrisa, también con su gesto serio y sus enfados, transmitiéndome la energía vital que yo necesitaba para todo y, sobre todo, el consuelo y la ayuda que en muchos momentos difíciles he necesitado. Si mi madre no me hubiera sostenido me habría caído ya hace muchos años. Con su ejemplo aprendí a ser lo que soy, persona y cristiano, que es de lo que más orgulloso me siento, y a disfrutar de la felicidad absoluta en lo más sencillo, el amor.

Junto a mi madre hubo otros nombres que, en segundo plano, colaboraron para que ella pudiera trabajar y, así, darme una mejor educación y calidad de vida. En primer lugar, mi padre, Ángel Sánchez, que ha compartido la existencia condescendiendo y respetando las decisiones que mi madre tomaba e interviniendo lo mínimo posible, lo justo necesario, cuando era indispensable. A él le debo persistir, que no es poco.

En segundo lugar, estuvo mi abuela, Ambrosia Mena, durante muchos años mi segunda madre, que me cuidó y educó en algunas temporadas y, sobre todo, en los veranos que pasaba yo en el pueblo. De ella aprendí también ese amor incondicional a los tuyos, aunque a veces la convivencia enturbie los gestos y las palabras. Ella fue exigente e incluso, a veces, autoritaria, pero siempre lo hacía todo por mi bien y tuvo la virtud de hacerme entender eso sin discutir. Quizá lo que más me influyó fue su fe tranquila y respetuosa, vivida en una religiosidad discreta y silenciosa, sin importunar a nadie. Me gustaba ir a misa con ella todas las tardes en verano y observaba con atención los ritos y rezos que practicaba en casa sin obligarme a acompañarla, aunque yo a veces lo hacía. En síntesis, tanto en lo privado como en lo público, me enseñó que lo más importante en la vida era el respeto.

También estuvieron acompañando a mi madre en su tesón para sacarme adelante algunas personas que siempre llevaré en mi memoria, por lo que nos quisieron y ayudaron, aun con lo más sencillo y cotidiano, aunque en especial recordaré siempre a sus amigos Paula Sanz, Alejandro Ruiz, Nicolás Sanz y María Murillo, y también a mis tíos José Luis Muñoz y Luisa García, así como a mi tía Julia María Muñoz.

Tampoco puedo dejarme en el olvido a tantos profesores que descubrieron en mí el talento que yo no supe o no quise exprimir en toda su potencialidad y que estuvieron pendientes de mi formación, animándome e impulsando con su aliento esas inquietudes tan variadas, a veces tan contrapuestas, que me asaltaban cada dos por tres y me sumían en largos períodos de inestabilidad vocacional y dudas intelectuales. Desde aquellos primeros profesores de la infancia en La Salle, pasando por los colegios Santa María y Joyfe, hasta llegar al Instituto Fortuny, que abarcó toda mi adolescencia. En aquel centro trabé una relación especial con algunos profesores que veían en mí una inquietud insaciable por el conocimiento y, al mismo tiempo, una sensibilidad tímida y prudente por la expresión de algunos sentimientos con ademanes artísticos. Siempre están todos en mi memoria pero nunca se ausenta de ella Soledad Izquierdo, que leyó mis primeros poemas y me animó a seguir escribiendo y a devorar poesía.

Todos los profesores de enseñanza primaria y secundaria fueron los culpables de mi pasión por la historia, la política, la literatura, la filosofía y el arte, una mezcla explosiva que sólo cabía en una carrera universitaria, la de Humanidades, que sin embargo en aquellos años era una de las que más desempleados generaba. Influido por la cultura de éxito de la época, transité de una facultad a otra durante años intentando encontrar aquella carrera universitaria que satisficiera mis inquietudes intelectuales y que, al mismo tiempo, me procurara un buen trabajo, relevante y bien remunerado, para resarcir a mis padres de todo el esfuerzo que habían hecho durante años. Pero no encontré esa carrera y, así, transité por varias hasta que, finalmente, recalé en Derecho, aunque compaginando con asignaturas de otras disciplinas humanísticas. Puedo decir, eso sí, que me licencié o gradué en primeros cursos de carreras dispares y, entre unas y otras, conseguí algún reconocimiento académico posterior.

También quiero agradecer a mis amigos el cariño que siempre le han demostrado a mi madre, fruto de ese amor incondicional que yo les transmitía, pero también de las conversaciones que muchos han mantenido con ella. Creo que es de las pocas madres que saben tanto de los amigos de su hijo y creo también que pocos amigos conocen tanto de la madre de uno de los suyos, especialmente aquellos que han compartido con nosotros momentos de amistad hogareña y familiar.

En este apartado no pueden faltar tampoco esas vecinas que tanto cariño nos demuestran a diario, así como mis tías, con quienes mi madre comparte confidencias telefónicas, y por supuesto sus amigas, a quienes tengo un afecto sincero.

Y para el final, lógicamente, tengo que reservar el sitio de honor a quien conmigo va, Ulises Novillo, que devolvió a mi madre la sonrisa que los avatares de mi vida le habían borrado de la cara. A pesar del genio que ambos tienen, al final terminan comprendiéndose y disculpándose porque, en el fondo, han construido entre los dos el amor familiar que no siempre la genética consigue. Mi madre es el cimiento sobre el que se sostiene nuestra relación de pareja y, sobre todo, es una madre para Ulises. Sin ella, todo sería más difícil, sin duda.

FRANCÍ XAVIER MUÑOZ
7 de mayo de 2017

1

A ESTE PUEBLO

Quiero cantar
algún día
desde esta tierra solitaria.

Me voy con ahogo y con rabia
porque aquí está la raíz,
el pueblo, que me llama.

Y yo reposo en él,
me busco,
encuentro aquí mi paz.

Aquí soy otro.
Quizá yo mismo.

Quiero a esta tierra
y baja la calle un grito.

2

SIGO OCULTANDO AL MUNDO

Como un áspid revelador
se incrustó tu voz en mi alma.

El resplandor de tu certeza
quemó mi cínica frialdad.
No fue necesario fingir.
Tu mirada, esta vez, me hizo callar.

Me heriste en lo más hondo,
en lo verdadero, en lo real.
Y, sin embargo,
sigo ocultando al mundo
lo que sabes tú ya.

YA NO ERES EL MISMO

Una mancha extendida
al infinito blanco.
"Ya no eres el mismo",
me dijiste al volver a casa.
No puedo esta noche nadar
en la burbuja de mis sentimientos.
Escribo porque tengo que escribir
y rompo con lo clásico.
Quiero desvariar, ahora
que es imposible hablar en poesía.

MANIFIESTO

En la brisa madrugadora de aquella tarde,
de aquella noche helada,
descubrí mi inocencia, coronada de estrellas
inquietas, deslumbrantes.

Había aprendido a esperar
con el paso del tiempo
los silencios que ahogaban mi mirada.

Emprendí con la maleta llena de ilusiones
un último viaje a lo inalcanzable.

5

MI LUCHA ES MEMORIA DESGARRADA

Estoy como triste en esta noche solitaria
en que la angustia por dentro me mata.
Repaso mi vida, recuento los momentos
que he vivido y vivo cada día que pasa.
Lloro y río al mirar atrás.
No pienso lo que tengo por delante.

Mi lucha no termina con el llanto.
Es memoria desgarrada y batalla
infinita contra espectros y sombras
de un destino que no he elegido.
Nadie sabe de mis temores
ni de mis dudas contenidas ni desgarros.

¿Qué saben ellos de mi vida,
de mi mundo interior, náufrago
de un crucero sin rumbo,
de una isla solitaria y
de un mar embravecido
que me arrastra con susurros,
con sonrisas y sirenas imaginarias?

Soy corriente de agua navegando en el beso
de la muerte del río en el mar abrazado.

QUE ME NIEGUEN EN SU CANTO

Me enseñaron a disfrazar
dogmas con vestidos de normas.
Quisieron imponerme
caminos rectos y maneras.

Yo desperté y alcé el vuelo,
esquivando a mis aves protectoras,
y no dejé que me siguieran
ni me observaran en mis penas.

Si yerro el vuelo,
si la paloma se equivoca,
sólo a mí me devorarán
buitres negros y leyendas.

Que me olviden en su llanto,
que me nieguen en su canto,
que por fin habrán visto
mis ojos despertados.

No cerrarán mis alas
ni cortarán mis garras.
Quieren que me derrote
y me estrelle en su campo.

Pero yo emigro el vuelo,
surcando las estrellas,
porque mi mente se derrapa
por laberintos de ficción.

7

FUI UN ESPEJO DE MÍ MISMO

Que nadie diga un día
que no viví corriendo.

Sonreí destemplado al amanecer
y busqué un lamento desorbitado
que me hiciera comprender
el sentido de la vida.

Miré al techo, arriba,
blanco como el mismo blanco,
y mi horizonte desgajado
aprendí a ver en la sombra inútil
de mi sendero olvidado.

Que nadie diga un día
que no exprimí el tiempo.

Soy poema libre y desterrado
de un mundo que no abarco,
de una soledad infinita,
de una libertad sin freno
que se escapa entre mis manos.

Entierro cada día un paso
estremecido, inseguro,
y no miro atrás, no me pregunto
si me olvido algo.

No me acompaña nadie
en este viaje soterrado,
sin retorno, sin cambio,
que camina siempre al frente,
esperando que la vida
deje de mí algún rastro.

Que nadie diga un día
que no viví conmigo mismo.

Soy poeta, que crea su universo.
Poema, que piensa en verso.
Poesía, o no soy nada,
ni pretendo serlo, ni hoy
ni mañana cuando me vaya.

Fui, acaso, un espejo de mí mismo,
un recurso a mis actos desbordados
que inundó su vida de presentes
y lloró cuando hizo daño.

Que nadie diga un día
que no me aproximé al abismo.

8

SIEMPRE CONMIGO

Noche de lluvia aquí en Madrid.
Fin de una locura soñada, imaginada,
transgredida de mis fronteras universales
y de mis temores limítrofes.

Sólo ahora la vida comienza para mí
ante este nuevo sol desmemoriado
que inunda la cuna donde fui depositado.

Y si la muerte me llega algún día
que sea Él quien me lo anuncie
con susurros, con palabras no dichas,
entre algodones, sonriendo, que yo
partiré llorando pero sereno.

Gracias, Dios mío,
por haberme elevado
a tu cielo, a tu destino,
por estar en pie de guerra conmigo
hasta la noche en que nos encontremos
más allá del tiempo finito.

9

EL RAYO DE LUNA

Todo, es posible que todo
sea un rayo de luna.
¡Oh!, Manrique de Bécquer,
"nacido para soñar el amor,
no para sentirlo", como yo.

Vivir para soñar y, mientras sueñas,
no nacer para vivir, soñando vives.
Si la vida es sueño, que decía Calderón,
y al fin y al cabo, los sueños,
sueños son. Como yo.

Hacer de los sueños viva realidad
es absurda pretensión, ya me lo dijo
Calderón. Todo, de todas formas,
es un rayo de luna que, al llegarnos
a él, se nos escapa para no volver.

Como yo.
Hacer de los sueños vida
y sentirme muerto al vivir.
Por eso, soñando soy feliz.

10

¿HASTA CUÁNDO?

Desdoblado en las noches que acarician mis ansias
veo tus ojos en la soledad de mis ruinas,
esos ojos que aún desconozco por entero,
esas ruinas que pueblan mis espacios vacíos.

Llevo mucho tiempo ya buscando tu mejilla
y dibujo a tientas tu sonrisa cada día,
mientras sobrevivo en la ausencia transportada
de mi inquieto mundo de miradas perdidas.

En las calles de alquitrán y humo cotidiano
desvelo al minuto unos ojos que me observan.
Los investigo con disimulado anhelo,
pensando que eran aquellos de los que huía.

Cuando vuelvo a casa, con la sangre encendida,
me pregunto en el espejo si no es aún mi hora,
si el paso de un amor temprano, pasajero,
no alimenta ya el seco caudal de mi agonía.

Conozco otras cosas en la vida. Comprendo
que no sólo de amor vive mi cuerpo, aunque
ese momento de soledad en la mañana
es el que más duele porque no tiene consuelo.

Me despierto, al fin y al cabo, más solo que nunca,
y después de agotar mis recursos novicios,
cuando se fijan en mí tus brillantes pupilas,
me invade el miedo y la esperanza de la vida.

Se agarrotan mis labios y mis nervios.
Me recorren las venas los pulsos inciertos
a la espera de que seas tú, aún sin nombre,
quien lance la palabra dormida que más duela.

¿Hasta cuándo esperaré tu llegada, amor mío,
en la espiral de besos que te esperan?
¿Hasta cuándo navegaré en sueños tu universo,
en la vela de mi fiesta dormida?

EL MAR DE MI VIDA

En el mar de mi vida,
la única isla donde pisar
tierra firme sin miedo,
el único trozo de roca
arrancado al océano
de mi consistencia sincera.
En mi infinita búsqueda,
las únicas piedras que me moldean y definen
un acantilado contorno.
En el mar, que es mi vida, el único arrecife
donde nunca naufrago y me sostengo:
mi madre.

12

ALÉJAME

Dame, Señor, sabiduría de corazón
para no quedarme con lo aparente
ni con lo material.

Dame, Señor, sabiduría de corazón
para entregar de nuevo el mío a quien lo quiera.

Dame, Señor, sabiduría de corazón
para hallar en el amor otra vez la verdad.

Aléjame ya de todo lo que me hace daño,
de todo lo que me aparta de ti,
de todo lo que no me deja hallar tu verdad.

13

MADRE DE MADRES

A mi abuela

No se quedan mis ojos quietos
en la enlutada ropa negra
de abuela desarmada de razones
para entender este país del ayer.
Mi mirada se posa quieta
en la canosa melena que desenredabas
deshaciendo el nudo de la belleza
que peinaste en tu pasado amanecer.

No se quedan mis ojos quietos
en el callado gesto adusto
que mostrabas al caer el anochecer.
Mi mirada se posa quieta
en el semblante tierno que asomabas
cuando escudriñabas por nuestro vaivén.

No se quedan mis ojos quietos
en la queja que pronunciabas
cuando te incomodaba nuestro desdén.
Mi mirada se posa quieta
en tu sonrisa despertada
en algún momento del atardecer.

No se quedan mis ojos quietos
en los silencios tristes que alargabas
cuando tu memoria se detenía
en los recuerdos de una vida abrupta
entregada siempre sin desfallecer
a ser madre de madres
que luego nos dieron todo su querer.

14

LAS OLAS DEL MAR

A mi madre

Las olas del mar vienen y van.

Tu mirada busca más allá
un futuro donde reposar.
Yo, me refugio en la soledad.

Las olas del mar vienen y van.

Descubro en ellas tu caminar,
siempre a mi lado sin descansar.
Yo, recuento mis días sin más.

Las olas del mar vienen y van.

En ellas yo quisiera olvidar
anhelos que hemos dejado atrás,
pero el viento ayuda a recordar.

Las olas del mar vienen y van.

Si tú no estás, ¿qué puedo esperar?
Sin ti, vivir será un naufragar.
Sin ti, mi amor puede reventar.

Las olas del mar vienen y van.

El silencio no deja pensar.
En la ausencia tengo que gritar
y encontrar tus ojos al mirar.

Las olas del mar vienen y van.

Con ellas yo me quiero marchar
y coger tus manos al pasear.
De ti no me quiero separar.

Las olas del mar vienen y van.

Tu sonrisa calma mi pesar.
Llenas mi vida con respirar
y no puedo decir nada más.

Las olas del mar vienen y van.

15

TU VIDA TAN LARGA

A mi abuela

A veces estás abandonada,
como derrotada, como ausente,
y dices palabras con desgana
y hasta con un enfado evidente.

A veces parece que deseas
que la vida se aleje de ti
y si quiero saber lo que piensas
tu mirada me aparta de ti.

Sabes que yo quiero preguntártelo
y me acerco a ti con una excusa,
pero tu silencio me da miedo
y mis palabras hablan con duda.

No he logrado entrever el misterio
que en tu vida has impuesto siempre
a tu inaccesible pensamiento.
Ahora te vas con él, como siempre,

y yo me quedo aquí, con la duda
de no saber si es vejez cansada
lo que expresa tu mirada bruma
o son los recuerdos que te atrapan.

Hace años que esperas a la muerte
y nadie sabe qué es lo que piensas.
¿Cuándo me dirás lo que se siente
sabiendo que se está ya tan cerca?

¿Es quizá ansiedad por un futuro
del que no sabes si se es consciente
o es quizá ansiedad por un presente
que a tu cuerpo se le hace ya duro?

Descansas para entrar en el coche
y mis ojos se empañan de lágrimas
al ver que sufres sin un reproche
el cansancio de tu vida larga.

Lloro en la soledad de mi casa,
ahora que no me ves ya de frente,
y descubro que estás en mi alma
desde hace años y para siempre.

16

ESTAREMOS LOS DOS

A mi madre

Porque nos haces la vida agradable,
sencilla y cotidiana,
te escribo en el día de la madre
estos cuartetos con toda mi alma.

Canto con el corazón en la mano,
aunque otro corazón canta conmigo,
y el canto no es en vano
porque también le das a él tu cariño.

Nuestro caminar encuentra en tu abrigo
el calor necesario para andar,
día tras día, nuestro amor contigo,
volando en alta mar.

En los momentos en los que hay que dar
consejos y caricias,
a nuestro lado te hallas sin pesar,
y nos animas con una sonrisa.

Descubres con repentina cautela
nuestras más silenciadas intenciones,
y a veces las desvelas,
sin por ello pedir explicaciones.

Consultamos contigo tantas cosas,
haciendo planes juntos,
que a veces somos tres y a veces uno,
bailando de la unión a la discordia.

A pesar de todo nos entendemos,
y eso es lo que nos cuenta,
porque en el fondo todos nos queremos,
más allá de la imprevista tristeza.

Por eso en este día señalado
queremos recordarte
que estaremos los dos siempre a tu lado,
para, así, nunca dejar de cuidarte.

Por eso nuestro sencillo homenaje
en estos cuartetos lira,
que con la infrecuente rima asonante
dan las gracias porque estés en la vida.

17

SONIDO TUYO

A mi abuela, 'in memóriam'

Cada gota que cae
es un minuto de tiempo vivido
en esta casa,
tasado por el olvido y el recuerdo
de tanta ausencia.
Esas gotas que golpean el cristal
detienen esta memoria en instantes
de voces y sonrisas,
pasos que transitan por la escalera,
escuchados igual que en otro tiempo
y con la misma lluvia.
Ahora la casa la habitan otros
que suceden la norma del cobijo
en días del otoño y primavera,
tiempo de lo frágil y de lo húmedo.
Voces y sonrisas que sustituyen
el alma que tú habitas
entre las paredes y los espacios
de estas vigas y muros,
como si el tiempo
se quedara estancado.

18

REFUGIO EN TI

Tengo miedo de ti, Señor,
ahora que estoy en tus manos,
ahora que te muestro mi verdad
desnuda y cobarde, con la hiel de su traición.
Acudo a ti, débil e inconsistente,
para salvarme una vez más
de tu dolor, que es el mío también.

Otras veces me has recogido en tu desazón,
siempre comprensivo y sereno,
y yo temeroso de ti,
vueltos a ti mis ojos,
implorando perdón,
llorando por miedo a cansarte,
llorando por miedo a perderte.
¡Refúgiame otra vez!

Tantas veces que prometí, Señor,
y olvidé tantas veces,
que hoy me acerco a ti avergonzado
de tanto incumplimiento,
de tanto olvido, y aun así
sé que me entiendes
porque sabes que te amo,
aun perdido y confuso.

He sentido tu ausencia
por un momento
y el vacío de años desorientados
en el borde de un precipicio
que se avecina.
Vuelvo a ti consolado
por la clemencia de tu amor,
que sabe el mío verdadero.

Vuelvo a ti convencido, pues sin ti no hay futuro,
no hay proyecto posible que ilusione mis días
y a los tuyos los encadene.
Vuelvo a ti porque sabes
que creo en ti, Señor,
y en lo que quieres para mí
sin públicos predicamentos,
a pesar de mis pasados errores.

19

TENGO QUE APRENDER

He cerrado todas las puertas y las ventanas
que se abrieron el otro día sin yo quererlo.
Ya no tendrás entrada en esta casa.

Ya sé que otras veces pasó lo mismo
y que otras veces prometí no verte.
Sin embargo, ahora ha vuelto a sangrar la herida
y sé que tu presencia,
aunque sea puntual y con prisa,
me hace un daño que permanece.

Tengo que aprender a rechazarte cuando vengas
a mi voluntad inconsistente y olvidadiza.
Me va en ello la salud y la espera
de un tiempo amordazado por la culpa.

Tengo que aprender a conocerte cuando finjas
que en realidad me ofreces algo que yo deseo
aunque solo en parte lo reconozca.

Tanto tú como yo sabemos
que eso que crees que tanto me gusta
es fruto de una costumbre maldita
que no puedo arrancar fácilmente
y contra la que lucho
desde el tiempo en que cambiaron mis días.

La próxima vez que me turbes
sabré cómo retenerte en mi cuerpo,
ahora que he recuperado
el miedo y la cordura.

La próxima vez que te encuentre
te combatiré con poesía.

ESPECTADORA DE TODO

A mi madre

Cambié discotecas y antros por los hospitales.
Ésa podría ser la síntesis de mi vida.
Bailé y bailé como sólo los enajenados
son capaces de hacerlo a lo largo de la noche.

Mientras hablaba, bailaba, bebía y fumaba
mi cuerpo, sin yo saberlo, ya estaba jugando
a atraparme en las cuatro esquinas años más tarde.
Así que ahora debo asumir las consecuencias.

Y tú, espectadora de todo, advirtiéndome
de que algún día podría pagar un peaje
por todos esos años de derroches y excesos.
Ahora le pido a Dios que me conceda una tregua.

Le rezo cada día, tú me ves en la iglesia,
para que me deje vivir contigo unos años
sin que tú tengas que padecer mi sufrimiento.
Ya bastantes preocupaciones te di de joven.

Le pido también que me deje vivir contigo
esa vejez tuya en la que tan bien te pareces
y podamos los dos querernos y vigilarnos
para no descuidarnos de las obligaciones.

MI CASA Y MI REFUGIO

A mi madre

Recuerdo el momento en que se torció mi existencia.
Debió ser cuando cambié el estudio por la vida
sin saber entonces que mi vida era el estudio.

Me asaltaron dudas, temores e inconsistencias,
y el amor y la noche envenenaron mi cuerpo.
Tú, como siempre, rezando y sufriendo por mí.

Yo salía cada noche de casa en silencio
porque tu gesto triste rompía la ilusión
que yo albergaba al comienzo de cada velada.

A veces, con alguna lágrima amenazante,
me entraban ganas de volver a subir a casa
y quedarme contigo, reposando la noche.

Luego, en la discoteca, me acordaba de ti,
imaginando tu desvelo hasta que volviera,
y te juro que me entraban ganas de marcharme.

Sin embargo, no lo hacía por miedo a no ser
el que intentaba ser en aquellas circunstancias,
sin saber que allí nunca llegaría a ser nada.

Ahora sé que bailando siempre huía de algo,
aunque no supiera ponerle nombre ni rostro.
Seguro que huía de mis miedos y fracasos.

Sin embargo, yo sabía que tú me esperabas,
sea como fuere, derrotado o victorioso.
Tu casa siempre fue mi escondite y mi refugio
y tú fuiste la madre que curó mis heridas.

EPÍLOGO

Toda mi obra poética está dividida en distintos poemarios, ordenados de forma cronológica, de tal modo que hasta el momento cuenta con los siguientes títulos:

- La estancia del mate. Poemario I (1991)
- El juego de la inocencia. Poemario II (1995)
- El silencio del amor. Poemario III (2000)
- El deseo del infinito. Poemario IV (2004)
- La soledad perdida. Poemario V (2008)
- Buscando formas. Poemario VI (2013)
- Destino reconciliado. Poemario VII (inacabado)

Además de esta división cronológica, he recopilado otras cuatro antologías temáticas para contar en cada una de ellas la historia de un tipo de amor concreto:

- Volver la mirada atrás. Poemas para un amor imposible
- La ansiedad escondida. Poemas para un amor obstinado
- Todo lo que te di. Poemas para un amor desigual
- Eros-ión. Poemas para un amor deseado

También he recopilado otras antologías poéticas para dar satisfacción a propuestas concretas de edición personal, como "Mi casa y mi refugio" y "Tu amor compañero", ambas necesarias para dar cuenta de las dos vivencias de amor que han moldeado mi vida para siempre, la de mi madre y la de mi pareja.

"Mi casa y mi refugio" es, así, una selección de poemas escogidos de todos mis poemarios, desde el primero hasta el séptimo.

FRANCÍ XAVIER MUÑOZ

Francí Xavier Muñoz estudia Derecho e Historia en la UNED, después de haberse formado en Humanidades Contemporáneas y en Gestión Empresarial. Colabora como articulista en varios periódicos digitales, especialmente Nueva Tribuna, después de haber publicado más de cuatrocientas Cartas al Director en varios periódicos de ámbito nacional. También fue contertulio radiofónico en Onda Arco Iris, al tiempo que jefe de prensa de dos pequeños partidos políticos. Antes de esa etapa ejerció como representante sindical, justo unos años después de haberse aventurado como emprendedor en la hostelería y en la gestión inmobiliaria. En paralelo a su dilatada experiencia laboral, el autor comenzó muy joven a interesarse por las luchas sociales y los sueños poéticos, de tal forma que nunca ha dejado de escribir ni de colaborar activamente con organizaciones de distintos colectivos.